나은숙 시집

눈부신 인연

눈부신 인연

초판 1쇄 발행 2023년 6월 12일

지은이 나은숙
펴낸이 장길수
펴낸곳 지식과감성#
출판등록 제2012-000081호

디자인 오정은
편집 오정은
검수 김지원, 정윤솔
교정 김서아
마케팅 정연우

주소 서울시 금천구 벚꽃로298 대륭포스트타워6차 1212호
전화 070-4651-3730~4
팩스 070-4325-7006
이메일 ksbookup@naver.com
홈페이지 www.knsbookup.com

ISBN 979-11-392-1132-0(03810)
값 13,000원

지식과감성#
홈페이지 바로가기

나은숙
시집
눈부신
인연
지식과감성#

시인의 말

라일락 꽃향기가
은은하게 퍼지는
라일락 꽃그늘 아래 앉아

사랑하는 우리 독자님들을
생각하며 제3시집을
출간하게 되었습니다.

제 따뜻한 마음을 담아
진심으로 사랑하는 독자님들께
제3시집을 바칩니다.

저자 나은숙

목차

제1부

눈부신 인연

제2부

새하얀 드레스로 빛나는 보석

제3부

쪽빛 그리움

제4부

내 안의 그대

나은숙 제3시집

《눈부신 인연》

에필로그

제1부

눈부신 인연

눈부신 인연

고요한 시간 속에 흐르는 바람 따라
내 마음도 흐른다

아쉬운 순간을 붙잡으러 가는 사이
어느덧 지금의 순간과 마주한다

서로에게 따스한 기쁨으로 다가간다면
잔잔한 울림으로
피어나는 꽃이 된다

마음으로 이어지는 공감 아래
서로의 감성을 추억하고 기억하는 건
또 다른 애틋한 만남이자
눈부신 인연이 된다

서로의 만남 뒤에 이별이 있고
인연의 연결은 이처럼
진실을 가장한 우연으로
운명처럼 찾아온다

보고 싶은 울 엄마

울 엄마는 사랑하는 봄입니다
나를 여린 새싹으로 성장시킨 봄입니다
여름을 안고 가을을 만나 열매 맺게 하시고
나에게 희망과 용기를 준 울 엄마는 겨울입니다

관절이 좋지 않은 울 엄마
딸자식 집안일을 다 해 주신 그 세월
오로지 자식 위해 울 엄마는
봄이고 겨울이었습니다

한 줌 재로 가시고 나니
가슴 아린 슬픈 사연입니다

언제나 바다였던 울 엄마
좋은 생각만 하고
예쁘게 하고 다녀라

울 엄마 그 목소리
다시 듣고 싶은 말입니다

살아생전 사랑한다는
말 한마디 못 했는데
이제야 당신을
사랑한다고 외쳐 봅니다

감성적 무드에 젖어 든 날

모처럼 가을비가 내려
감성적 무드에 젖어 든다

참았던 눈물의 솟구침
환희로 얼룩진 기쁨의 절정

가을의 감성도 무르익어
쓸쓸한 낙엽의 거리를 이룬다

황홀한 기분을 선사하는 기쁨을
외로운 기분을 느끼는 슬픔을
나만의 향수를 떠올린다

인생의 풍경 속으로

우리가 사는 일상의 풍경
소중한 순간들은 또 다른 삶의 풍경

누구나 주어진 시간 속에
각자의 인생의 풍경을 만들어 가고 있다

거센 풍랑이 올지라도
맑게 갠 하늘 사이로
밝게 빛나는 햇살이 내리쬘지어니
걱정하지 말라

삶의 페이지는 그 다음 장부터 시작
흥미진진한 이야기로 가득

우리는 각자 자신만의 인생 소설을 쓰고 있다
시적인 삶으로 이어질 때
더욱 풍성한 스토리가 완성된다

자신만의 삶의 언어와
색채로 녹여 낸 글 속에
고유한 삶의 풍경이 담긴다

봄의 정취를 기대해 본다

곳곳에서 매화꽃 산수유 꽃
봄의 정령들이 꽃망울을 터뜨리며
봄소식을 알린다

긴 겨울의 끝을 알리는
싱그러운 새 생명의 탄생
소리 없이 우리 곁에 찾아오고 있다

누가 재촉하는 것도 아닌데
살며시 다가온 따스한 숨결에
만물이 요동치고 있다

그런 봄기운이 가속화될 전망
부푼 꿈을 안고
봄의 정취를 기대해 본다

마음속 찻잔을 마주하며

인생은 보이는 것보다
보이지 않는 곳에서
그 속에 감춰진 얼룩들로 가득하다

마음속 찻잔을 마주하며
향기로운 그 시간에 머문다

사람을 대할 때 밝게 웃고 있는
겉모습에 취해
내면에 담긴 감정과
함께하지 못할 때가 있다

서로의 침묵 속에 잔은 차오른다
짧은 만남에 못다 한 말
마음속에 묻어 두고
아쉬움은 크지만
그렇게 흘러가는 것도 인생이다

시 같은 인생

시를 음미함으로
모든 세상이 아름답다

아름다운 세상을 볼 수 있어
많은 것을 알게 되고
사랑을 알게 된다

시는 아픈 사람들에게 위안을 주고
감동함으로 치유가 되어 평온하며

시는 연인을 기다리는 감정으로
기대하며 설레고

매일 시 같은 인생으로 살아간다면
모든 날 모든 순간이
빛나는 꽃길이다

아름다운 색감으로 물든 길

아름다운 색감으로 물든 길
오색찬란한 자연의 선물

사뿐사뿐 발 놓는 그 길마다
행복의 감성으로 스민다

해맑은 미소로 다가오는 수국의 자태
우리의 웃음꽃과 닮아 있다

웨딩 장식에 어울리는 한 다발 부케
서로의 기쁨이자 축복

화려한 미모를 뽐내며
화사한 웃음으로 반기던 그녀
미소가 기억 속에 떠나질 않는다

화려함 뒤엔 숱한 외로움 속에
견뎌 낸 아름다운 결실일 것이다

피고 지는 절정의 끝에서 만난 수국
축제의 한마당
마냥 다채로운 향기 속에 묻어 간다

갈대의 마음

가을의 풀밭 속에
은빛 물결이 출렁이는 갈대숲
흐르는 강물 따라
바람 소리 숨어서 울고
휘날리는 갈대
하얀 솜털이 떨고 있다

바람 따라
흐느적거리는 갈대
찬연한 가을 햇살 앞에 서성인다

드넓은 갈대 숲속은
하얀 눈물과 마주한다
그 눈물 속에 피어나는 초겨울이
갈피를 못 잡고 흔들거리는 것은

삶과 죽음이 공존할 때도
애착은 머무르는 걸까

희로애락에 마침표를 찍고
한 사람이 무언 속에
하늘의 별이 되어
어떤 형상으로 빛날까

수많은 사람들은
침묵의 꽃 한 송이 눈물로 바친다

검은 정장 차림의 신사 숙녀
그들은 그들의 일상에 대해
순간 슬픔을 잠시 잊고
담소를 나눈다

삶과 죽음이 공존하는 곳엔
공수래공수거이거늘
그래도 삶은 애착으로 머무르는 걸까

행복의 꽃밭

눈물 시리도록 아름다운 감성에
젖어 든 어느 봄날

꽃길 따라 봄 길 따라
여정을 걸어 본다

누가 뭐라 하든 행복의 꽃밭에
손 내밀어 그대로 파묻혀 본다
그러다 빛나는 햇살에
가슴도 따뜻해지겠지

무성한 분홍빛 꽃송이들이
푸르른 물결에 살랑인다

누구에게나 촉촉한 이슬과 같이
싱그러운 꽃향기로 퍼진다

샤스타데이지 꽃

우아한 자태로
하얀 미소로
다가온 너

하얀 드레스에
황금빛 반지 끼고
더욱더 눈부신
샤스타데이지 꽃

빛나는 너의 모습이
내 가슴에
잔잔하게 출렁이는 찻잔이다

어머니의 기도

생명의 새벽 기도
가족을 위한
어머니의 기도입니다

매일 마음을 다하여 드리는
어머니의 기도는
땅에 떨어지지 않고
기쁨의 소식이 전해지고
기적을 이룹니다

뜻을 다하여 정성 들인 기도는
희망과 사랑으로
오늘도 계속됩니다

찰나의 순간

미소를 머금은 봄꽃들
봄꽃 축제라도 하듯
온 대자연에 꽃비가 쏟아지고 있다
순간순간 꽃 멍으로 물결친다

눈부시게 빛의 순수를 느끼며
햇살에 빛나는 온유한 숨결이 곱다
찰나의 순간을 영혼에 저장하고 싶다

별빛 속에 꿈꾸는 희망

이렇게 할까 저렇게 할까
망설이다가 허송세월 보내지 않도록
의미 있는 시간이 되길 바라네

터무니없는 이야기가 사람들로부터
마음의 상처로 다가올 때
사랑이 익어 가는 마을로 구경 가서
길 따라 마냥 걷고 싶네

걸어가는 그곳 그 어디일지 몰라도
한평생 걸어가는 우리
수많은 별빛 속에
꿈꾸는 희망이 되길 바라네

봄맞이

한파가 물러가고
세상이 어떠한들
어느덧 봄은 어김없이 오고 있다

매년 맞이하는 봄이지만
매년 느낌은 다르다

흐르는 세월 따라
연륜이 더함에 따라
봄맞이가 새롭다

가슴 쓰린 흔적

모든 사람들은
내 마음 같지 않다

내가 한 만큼
돌아오는 부메랑 효과
기대하기 어렵다

굳이 이해하려 노력하지 않음으로
힘든 마음 가득하다

생각지 못한 힘겨움
말로 표현하지 못할
가슴 쓰린 흔적의 조각들이
여기저기 흩어진다

내 마음의 꽃

우리가 서로 공유하는
따스한 감성이 만나
고결한 아름다움으로
피어나는 이 순간

나 그대에게
내 마음의 꽃을 선물하리
그 마음 고이 담아
내 진심을 바칩니다

튤립에게

붉디붉은 입술
너를 보면
내 심장은 떨린다

붉은 튤립 꽃잎 사이로
살짝 입맞춤하며
너의 향기로운 향을
내 가슴에 넣는다

빨간 튤립 꽃다발 들고
너에게 달려가
영원한 사랑을 고백하고 싶다

나 그대와 함께

서로에게 기쁨의 씨앗이 되어
행복을 나눌 수만 있다면
나 그대에게 내 고유의 작품을
함께 느끼며 나누고 싶다
그대 마음속에 전하며

마음을 나누는 따뜻한 사랑이
내면의 용기로 다가올 때
나 자신과 만나는 그 순간
그대였음을

항구에 정박한 배

다 하려고 하지 마라
모든 일을

할 수 있는 부분만
항구에 정박한 배처럼

한가롭게 여유를 가질 때
지친 내 영혼에 평온함이 찾아올 것이다

아쉬움만 남기는 벚꽃

이렇게 아름다운 봄날은
가고 있는 걸까

눈부시게 빛나는 순수한 꽃들은
잠깐 피었다가
우리들에게 황홀함만 안겨 주고
바람결에 떠나 버린 꽃잎들

일 년 후에 또다시 피는 그날까지
흠뻑 꽃물로 내 마음은 젖어 든다

일출

고요하게 마지막 빛
끝나 갈 무렵 잔상을 남기며

희망찬 새 기운을 가득 안고
태양은 눈부시게 떠오른다

칠흑 같은 어둠을 뚫고
빛나는 일출의 찬란함을 아는가

용솟음치는 광활한 햇살 아래
온 천지가 뒤덮여
만물을 소생시킨다

천연 향수에 취하다

향기가 은은하게 퍼지는
화원 앞에 발걸음이 멈추고
화사한 봄꽃으로 눈길을 피할 수 없고

천연 향수로 콧속은 킁킁
아름다운 꽃 속에 취해
우와~
감탄사가 절로
이 순간 자아도취로 빠져든다

꽃은 누구에게나 사랑으로 기쁨으로
언제나 아름다운 세상을 선사한다

제2부

새하얀 드레스로 빛나는 보석

새하얀 드레스로 빛나는 보석

하얀 순백의 최고의 아름다움으로
새하얀 드레스로 갈아입은 신부여
뭇사람을 황홀하게 한다

티 없이 맑은 새 신부의
눈부신 미소

바람결에 사람 손길에
한 잎 한 잎 떨어지는 벚꽃

길가에 수를 놓아
하얀 보석으로 반짝반짝 빛이 난다

무심코 밟히는 새하얀 꽃잎들
가슴 아파 뚝뚝 떨어지는 눈물

바람이 숨 쉬는 공간

햇살처럼 고운 그대여
반짝이는 눈빛이
그대의 숨결과 닮았다

찬란하게 내리쬐는
바람이 숨 쉬는 공간에
네 어깨 기대어 그대로 잠들고 싶다

꿈결 같은 포근한 미소가
어울리는 풍경에 하나가 되어
유유히 흘러가는 존재가 되고 싶다

진정한 휴식의 의미

무더위로 지친 삶의 굴레 속에
힘겨운 나날의 일상

더위에 맞서기보다는
삶을 충전하는 휴식의 지혜를 배우며
온전하게 나 자신과 마주하고 싶다

빛과 어둠이 존재하듯
에어컨의 시원한 냉기는
실외기의 뜨거운 열기가 희생하여
얻어 낸 값진 결실이다

남모를 열기를 견뎌 낸 이들
진정한 휴식을 주고 싶다

그리운 님

푸르렀던 신록의 계절
울긋불긋한 형형색색의 단풍으로
물들인 계절마저 떠나려 한다

붙잡고 싶지만 만남이 있으면
헤어짐이 있는 법
내게 스치는 향기에 따라
그저 흘러갈 수밖에 없다

우리네 인연과도 같은
세월이 녹아든 풍경
어느 순간 불현듯 떠오르는
나만의 추억

그리운 님은 갔지만
포근한 눈처럼 따뜻하게
온화한 겨울로 반겨 줄 것이다

순응하는 여정

순리대로 산다는 것은
주어진 상황에 최선을 다하는 삶
흐르는 인생을 거스르지 않는 삶
난관과 역경을 극복하며
희망을 갖는 삶
다가올 미래를 준비하는 삶

평정심을 잃지 않고
오늘의 나를 살며
자연의 섭리에 순응하는 여정이다

모란꽃이 필 때면

모란꽃이 피는 아침
홍자줏빛 화려함으로
시리도록 눈부시다

은은한 향기로
퍼져 올 때면
꽃 중의 왕 모란꽃
너에게 그 눈빛이 머문다

모란꽃이 필 때면
화사함에 물들고
지는 꽃잎 바라볼 때면
서글픔에 잠긴다

화사한 봄꽃

피어 있는 화사한 꽃에
내 시선이 머문다

환하게 미소 지으며
나를 유혹한다

우울한 내 마음
화사한 봄꽃으로 피어난다

메마른 마음이 촉촉해지다

고운 햇살의 따스함을
온몸으로 느끼며
풀밭 길을 걸었다

노랗게 미소 짓고 있는 민들레
무심코 걷다가 하마터면 밟을 뻔했다

한참을 멈춘 채
민들레를 자세히 보았다

송이송이 피어 있는 작은 꽃송이
넘 사랑스럽고 예쁘다

꽃송이를 살짝 쓰다듬을 때
부드러운 촉감에
메마른 마음이 촉촉하다

내 마음 안에 찾아온 봄

여기저기서 봄이 오는 소리
넋을 잃고 있다가

창문을 열고 두 눈을 감고
두 귀를 쫑긋 열었다

기다리던 화사한 봄은
이미 내 마음 안에서
기다리고 있었다

엄마의 눈물

가녀린 어머니의 뒷모습
내 가슴 한편에 외로움으로
밀려들어 공허하다

자나 깨나 자식 생각에
걱정 마를 날 없고

힘겨운 순간순간마다
자식 몰래 눈물 훔치고

고비 고비마다
지혜롭게 이겨 내신
나의 어머니
영원히 자랑스러운
나의 엄마

아름다운 세상

시작의 알람 소리
고운 새소리에 아침을 알린다

세월의 흐름 속에
반복되는 마주한 일상

사람과 자연이 하나가 되어
아름다운 세상을 꾸며 나가리라

물레방아1

쉼 없이 돌아가는 물레방아
물줄기 타고 내려 파문이 일다

돌고 도는 물레방아
근면 성실 안고
우리에게 전하는 걸까

하염없이 모아지는 은빛 물결
뜨거운 가슴이
사르르 시원하게 열리는 순간이다

물레방아2

한 방울 한 방울 물을 머금고
하얀 거품 품어 내는 물레방아

호수를 만들고
그 속에서 피어나는 연꽃
물고기들과 그들은 그들만의 세상을
즐기는 걸까

호수 가장자리에서
시선을 받는 물레방아
쉼과 에너지를 얻어
상상 속에 그들과 하나가 되어
우리의 세상을 만들어 간다

하염없이 돌아가는 물레방아도
우리 인생도 언젠가는 멈추겠지만
그들의 세상과 우리의 세상은
유유히 흐르는 하나다

태풍이 할퀴고 간 자리

태풍이 할퀴고 간 자리는 매섭다
사나운 포효에 동식물이
놀랄까 애가 탄다

부디 쉬이 바람 빠지는 풍선처럼
하늘로 올라가
눈물과 상처가
번지지 않기를

고운 초록빛 잎사귀들이
청량함을 머금고
우리 곁에 황홀한
가을의 감성을 선사할 테니까

따스한 햇살 고운 바람결에
상처가 잘 아물어
건강한 자연으로
돌아오기를 소망해 본다

봄이 오는 소리

봄봄
봄이 오는 소리

분홍빛 진달래꽃 그늘 아래
숨어서 봄이 오는 소리

어느덧 기다리던 결 고운 봄은
내 마음에도 우리들 마음에도

싱그러운 새 생명의 숨결로
봄을 가득 안고 눈이 부시다

빛나는 평온

푸르름으로 적셔 오니
영롱한 이슬 빛나고

푸르름으로 잠기면
우울이 환희로 빛나고

푸르름은 그 언제나
내 안에 청초하게
빛나는 평온이다

햅쌀밥

희고 하얀 햅쌀밥
윤기 자르르 찰진 햅쌀밥

햅쌀밥을 씹는 순간
부드럽게 꿀꺽
목젖을 타고 넘어간다

고운 맘을 지닌 그녀로부터
보내온 햅쌀

햅쌀밥은 지친 나에게
뜨거운 사랑이 에너지로 전환된다

찰진 햅쌀밥은
나의 힘이자 근원이다

숲 향기에 자아도취

푸르름으로 일렁이는
초록빛 물결 타고
살랑살랑 춤을 추는 나무들

푸른 숲속 리듬에 맞춰
내 몸은 한들한들

한들거리는 푸르른 잎에 살포시 앉아
숲 향기에 자아도취
명상에 잠긴다

청단풍의 별빛

따스한 빛을 담은 고운 청단풍은
여름의 햇살을 머금고
빛나는 별이 되어
그대 가슴에 스민다

너와 내가 함께하는 이 공간
또 하나의 꿈을 꾼다

보이는 각도와 시선에 따라
유동적으로 초록의 물결은
찬란한 별빛이 되어 유유히 흐른다
고운 색감의 향연이
다채로운 천연의 색으로 물든다

한여름 밤의 꿈을 꾸듯
빛나는 별빛은
내 곁을 지켜 보호해 주고 밝혀 준다

성장의 열매는 달다

서로가 마음의 문을 열고
진정으로 만나는 순간
빛처럼 찬연하다

서로의 웃음으로
진정한 휴식이 된다면
소중한 만남으로 기억되는 축복이다

너와 내가 가는 그 길이 힘들지라도
고요한 풍랑 아래
성장의 열매는 달다

너와 내가 하나 되는 공간

너와 내가 하나 되는 공간
시간의 흐름을 넘어
따사로운 햇살
선선한 바람
한데 부서져 내려

푸르른 하늘의 경계 속에
자유로이 유영하며
꽃다운 자연과 함께하리

시간은 흐르고 있다

오늘이 준 선물
시간이 흐르고 있다
나에게 귀한 선물
소중하게 아끼고
많은 사람과 나누는 선물이 되어야겠지

시간에 쫓기지 않는 여유 있는 삶
순간순간을 즐기는 삶
그런 삶 속에
나의 행복한 시간은 흐르고 있다

환희의 순간

희미한 불빛 사이로
보일 듯 말 듯
그대들의 마음 난 모른다

반복하는 행동으로
살얼음판을 걷는 시린 겨울이다
언제까지일까
멈추는 순간
내 마음은 환희로 빛나겠지

자연의 선물

지치고 힘들 때 피는 꽃이 있다
흐르는 강물 속에 피어난 꽃처럼

도자기 빚듯 물레를 돌리는 느낌으로
눈물의 흔적이 강을 이뤄
빛나는 햇살을 맞으며
아름다운 꽃 한 송이가 피어난다

흐르는 강이 되어 나를
반갑게 맞아 주는 자연의 선물
숭고한 정신에 행복이다

제3부

쪽빛 그리움

쪽빛 그리움

쪽빛 하늘 아래
물감을 뿌려 놓은 듯
말갛게 강물에 투영된 그리움

쓸쓸한 가을
하염없이 타는 그리움
마음이 서성이는 쪽빛 그리움

깊어 가는 가을을 주워 담는
낙엽들
목마른 그리움으로
찰랑거린다

바람꽃

긴 기다림 끝에 너를 향하여
가는 순간 설렘 가득하다

살랑이는 봄바람을 타고
봄소식을 알리는 바람꽃

봄을 머금은 따사로운 햇살에
너를 안고 눈 맞추며
내 손에 촉감을 저장하고
짧은 순간 긴 여운으로 남는다

아름다움은 곧 균형이다
균형은 곧 아름다움이다

산다는 것은

산다는 것은
그 어떤 고난과 역경 속에서
힘들고 지칠 때
뜨거운 눈물이 앞을 가린다

좌절과 절망 속에서
어두운 터널을 지나 견디면

파란 하늘 아래 눈부신 햇살이
황홀하게 반길 것이다

인생이란 정해진 것은
아직 없다

언덕 너머 드넓은 평야
고요한 호수

삶의 언저리에서
푸르른 희망을 꿈꿔 볼까

만남1

서로가 마음의 문을 열고
진정으로 만나는 순간
빛처럼 찬연하다

너와 내가 꿈꾸던 그 길
함께 걸어
빛나는 행복
찬란한 웃음

서로가 만나 온 공간
일상을 배운다
빛나는 웃음을 가진
그대여

마음속 평정을 찾아
부디 함께 그 감성의 시간 속에
깊고 넓은 만남이 녹아들길 바라네

만남2

서로를 상상하며
애틋한 그리움으로 물든 고운 만남

꽃 같은 만남을 기대하며
서로의 마음은 행복으로 물들었겠지

설레는 가슴 가득 안고
그녀를 만나러 떠나는 여정
긴 기다림에도 포근한 마음을 벗 삼은
산뜻한 떨림

고대하던 우리의 만남은
서로에게 환한 빛으로 다가오고
나풀대는 나비의 움직임이었으리라

서로가 따스한 눈빛을 전하며
함께 마주 보는 공간에서
오가는 대화가 무르익을 무렵
어깨 너머로 황홀한 노을빛이 내려앉는다

가을이 떠나면서

그리운 님은 떠나가고
혹독한 추위를
몰고 온 시린 겨울

상냥한 미소와
포근한 눈으로
반겨 주기를 나 그대에게 바란다

우리가 서로를 기억할 수 있기를
그 고운 시간 함께하며
추억보다 진한 한 잔의 감성 아래
마음을 울리는 순간으로 이어지길

신선한 산소

흐느끼며 우는 그대
텅 빈 등 뒤에서 떨리는 외로움

한없는 그리움 속에
떨어지는 뜨거운 눈물

숨이 멎을 것 같은 순간
신선한 산소가 되어 주고 싶다

물멍

오늘은 특별한 날이길 원하면서
물멍으로 사유하며
따스한 감성을 지향한다

서로에게 따뜻한 삶의 위로로
빛나는 시간은 흐르고

고요한 마음속에 이는
잔잔한 작은 물결이고 싶다
나 그대와 함께

수요일엔 너를 만나고 싶다

수요일엔 너를 만나고 싶다
너와 함께라면 그 어느 곳이든
웃음 가득 싣고서

지금 이 순간 행복
영원하길 바라며
또 다른 수요일을 기다린다

일과 사랑

일과 사랑을 다 잘할 수 있을까
다 완벽하다면
숨 막히는 삶의 연속이겠지

서로가 배려한다면
일과 사랑 컨트롤을 잘해서
멋진 일
아름다운 사랑
둘 다 할 수 있겠지

별들의 속삭임

아래를 보지 마라
위를 보라

어려운 역경과 시련 속에서
희망과 용기를 가지고
발돋움한다면
드높은 하늘 속에 파란 꿈이
힘겨운 너에게 찬란한 빛으로
감싸 안아 줄 것이다

지금의 이 순간이
결코 헛되지 않았음을
밤하늘의 별들은 나지막하게 속삭인다

늦가을이 다가오는 길목에서

옷깃을 여미고 두꺼운 외투를 꺼내
수북한 낙엽 길을 걷는 낭만

추위는 모든 생물에 있어
생존을 위한 사투의 현장
따뜻한 온기를 찾으러 떠나는 여정

겨울을 대비하여 겪는 적응 과정이자
오색찬란한 단풍으로
변모하기 위한 성장통이다

늦가을이 다가온 길목에서
감성이 짙어지는 짧은 가을
그 순간을 즐기자

엄마는 우리의 멘토

엄마가 행복해야
가정이 즐겁다

기쁨을 함께 나누며
밝은 모습으로 웃어 주고

힘들고 지쳐 있을 때
따뜻하게 위로해 주고
힘이 되어 주는 엄마

엄마는 우리의 주인공
해피 바이러스로 멘토로
든든한 핵심이 되어 준다

그런 엄마를 그 언제나
그윽한 꽃향기 속에 머물게 하고 싶다

만남 속의 설렘

그대와 만남이 있는 날
온통 그대 생각에
내 심장은 두근두근

그대와 만남의 시간
몇 시간 전
설렘 속에 샤워를 하고
꽃단장을 한다

약속 시간 늦지 않기 위해
최대의 긴장을 하며
기대 이상으로
그대와의 만남은 시작된다

베스트 드레서를 꿈꿔 본다

외출하기 전
하루 전날 만남 장소에 따라
의상을 코디해 세팅해 둔다

그날 외출옷을 꺼내 입다가
안 어울리면 다시 세팅할수록
시간은 날 기다려 주지 않는다
어김없이 약속 시간 지나
쥐구멍을 찾게 된다

미리 준비된 의상으로
베스트 드레서를 꿈꿔 본다

비 오는 날의 수채화

오늘같이 비가 내리는
창밖의 풍경

오색찬란한 단풍들
한 잎 한 잎 떨어지는
낙엽 비가 내리고 있다

우산도 없이 그 길을 걷고 있는
우수에 찬 모습의 연인들
한 폭의 수채화로
얼룩진 창은 주룩주룩
가을비가 내리고 있다

진정한 대화법

서로가 눈과 눈을 마주 보고
마음과 마음이 이어지는
대화를 한다

공통 소재가 없는
일방적 대화는
상대가 지루하고
혼자만의 이야기가 아닐까

진정한 대화는
상대방의 말에 고개를 끄덕이며
경청하고 공감해 줄 때
서로의 진실한 대화는 통한다

칭찬의 기쁨

칭찬은 따뜻한 언어의 온도로
듣고 싶은 말이다

일부 사람들은 칭찬에 인색하다
좋은 점보다 단점을
보려 하는 경우가 있다

좋은 점만 보고
찬란한 빛이 되어
푸르름으로 넘실대는
초록빛 향기로
서로의 기쁨이고 싶다

매력적인 목소리

음성이 좋은 사람
호감이 간다

목소리는 타고난 특성일까
매력적인 목소리는
품격을 더해 주는 것만으로도 매료된다

난 목소리가 아름다운 사람이
참으로 좋다
아름다운 말씨를 위해서
노력해 봐야겠지

간직한 그리움

또다시 만날 수 있을까
생각만 해도 눈물이 나

이제는 가슴 안에
한 송이 꽃처럼
빛나는 별처럼

영원히 묻어둔 채
외로울 때
기쁠 때
살며시 꺼내 보며 간직하리라

영원한 순정

지금 가지 못하면 못 갈 것 같고
지금 못 가면 영원히 못 갈 것이다

순수한 만남 뒤로 남기고
이대로 묻어 둔 채

그때의 아름다운 순간 간직한 채
영원한 순정으로 남고 싶다

눈부신 햇살 그 어떤 날

길 따라 바람과 함께 걸었다
온화한 햇살이 세찬 바람에 내맡긴
내 몸을 포근하게 감싸 준다

눈부신 햇살 그 어떤 날에
그대와 다정한 눈빛 교환하며
마냥 걷고 싶다

걷는 그 길에
사랑의 꽃으로 피어난다

그대여 내 곁에 오라

지금 아니면 못 갈 것 같아
난 떠날 준비를 한다

그대의 마음
가을바람에 흔들리기 전
그대를 내 가슴속 깊이 묻어 두고 싶다

내 마음에 평온을 준 그대여
오라! 어서 내 곁에 달려오라

그에게 언제 말할까

어떻게 내가 살아왔는지
내가 무얼 좋아하는지
어떤 걸 싫어하는지
그는 모른다

그에게 말해 줄까
하루에도 몇 번씩 생각하다가도
그냥 오늘도
난 쓸쓸하게 묻어 둔다
깊은 내 가슴 한편에

그 언제 말할 수 있을까

제4부

내 안의 그대

내 안의 그대

내 안의 그대
외로우신가요
외로움이 밀려올 땐
발라드 음악을

내 안의 그대
기쁨이 가슴에 차고 오르나요
미소보다 박장대소로
한껏 신나게 웃어 보는 건 어떨까요

내 안의 그대
슬퍼지나요
가슴으로 눈물 흘리지 말고
소리 내어 속 시원히 울어 보세요

우는 것도 웃는 것도
카타르시스가 될 테니까요

긴 그림자

나의 길을 가다 보면
어느 순간 허한 외로움
옆을 보고 뒤를 돌아다보면
혼자가 아니다

낮에는 해그림자
밤엔 달그림자
구름 속에 숨고
바람과 함께 사라진다

마음속에 동행하는 그림자는
언제나 나와 함께 한다

외롭다 하지 마라
동행하는 얼굴이 붉어진다

행복하다 하지 마라
부끄러워 마음속에
그림자가 숨는다
그림자는 마음의 거울
나의 좌표다

빛나는 얼음꽃

하늘에 손님
함박눈이 펄펄
온 세상이 채색되어 천년의 백설

깨끗하고 새하얀 눈처럼
우리들 가슴에도
하얀 마음이길 원하네

송이송이 눈송이 바람에 얹혀
서리꽃 되고
서리꽃 녹아내려 얼음꽃이 피어나네

앙상한 나뭇가지에
빛나는 얼음꽃에서
화사한 봄꽃이 되길 원하네

의사소통

오고 가지 않는 그 길
내가 먼저 길을 내고 싶다

길이 있어 가고
길이 있어 오고

오고 가는 그 길
길 따라 세월 따라
우리의 소통은 흐른다

찬란한 인생 여정

이미 주사위는 던져져 있다
우리의 인생 여정

모두 각자의 인생을 살지만
우리 일상에서 마주하는 삶의 원천은
공통의 뿌리에서 시작한다

서로가 마음으로 느끼는
소중한 감성적 가치

보랏빛 물결로 찬연한 꽃밭에서
서로가 꽃이 되어 살아 숨 쉬는
찬란한 공간으로 다가온다

내일은 없다

고생만 하다 인생의 마침표를
찍는다는 것은
너무 억울하고 슬프지 않을까

한 번 있는 인생
과거도 내일도 없는 오늘
순간순간 즐기며
여유로운 삶으로
내일은 없다

현재의 주인공은 나

사랑은 아름다운 꽃 내음에 취해
냉철을 보지 못하고

질투는 승부욕에 못 이겨
사랑을 느끼지 못한다

중용은 두루 섭렵할 수 있으나
창조적이지 못하고

현실은 이기적임을 감당하지 못해
포용과 무심에 거리가 있다

찬란한 미래를 위해
인내와 노력으로
현재의 주인공은 내가 아닐까

인생은 흘러가는 것

참사랑은 봄 향기 속에 피어나고
기쁨은 파란 바다 물결 위에
윤슬처럼 반짝이며
슬픔은 가슴속에 쏟아지는 눈물 감추고
행복은 물안개처럼 퍼지며
이심전심으로 전달된다

인생은 이런 삶 속에서
서서히 어둠과 빛이 녹아들어
흘러가는 것이다

표현은 자유다

홈 쇼핑 보다 보면
구매 충동을 느낀다

쇼 호스트 어쩜 그렇게
구매 욕구를 느끼게
표현을 잘하는지

필요치 않는 것도
어느 날 마법에 걸려
버튼을 누른다

표현은 자유다
그 자유에 난
유혹을 당한다

지금 상황에서도 감사함을 느끼자

내가 힘들고 지칠 때
모든 사람들은
행복해 보이고 즐거워 보인다

외부의 화려함
내면을 들여다보면
하나둘 근심 걱정
보이지 않는 숨겨진 걱정거리가 있다

나 힘겨워 남 부러워 말고
그래도 지금 주어진
내 상황에 감사하며
그 모든 것들 수용할 수밖에

내가 변화되는 삶

때론 상대방이
내 마음을 아프게 할 때가 있지요
그 상대가 마음에 안 든다고
그 성격 고치려 하지 마세요

타고난 본질
변화될 수 없다는 것을 알았습니다
변화되다가도 어느 순간
그 습관이 다시 나오게 됩니다

마음은 아프겠지만
상대를 인정하고
내가 변화되는 게
바른 삶이라는 것을 알았습니다

진정한 행복으로 가는 길

그대에게서 행복을 느끼려 하지 마라
그대가 즐겁게 웃게 해 주지 않는다고

행복은 내가 만들어 가는 것
내 스스로 취미를 찾고
집중하는 삶을 가질 때
그 또한 행복감이 더하리라

고통 속에 피어나는 한 떨기 행복은
진정한 행복으로 가는 길이다

좋은 물건 자주 사용하여 멋을 내자

신발장에 예쁜 새 신발로
가득하다

정말 중요한 곳에 갈 때
한 번도 안 신은 아껴 둔 신발을 신고
흐뭇하게 외출을 한다

근데 어느 정도 돌아다니다가
밑창이 나가고 굽이 나가는
경우가 있어 황당하다

고이 모셔 두었다가 갑자기 사용하여
놀라서 탈이 난 걸까

좋은 물건일수록
아끼지 말고
평소에 자주 사용하여
멋을 내야겠다

기분 전환

기분이 우울하시나요
헤어스타일 변화 어떠세요
펌을 하든
커트를 하든
멋내기 염색을 하든
다양한 변화를 주어서

새롭게 변화된
멋진 모습을 보면
한결 기분 전환이 될 거예요

변화는 무죄입니다

아이들은 우리의 미래다

요즘 아이들
밖에서 만나면
인사를 잘한다
모르는 아이들인데

가정 교육을 잘 받아서인지
학교 교육을 잘 받아서인지
본인이 스스로 터득한 건지

인사는 받을 때
참 흐뭇하다

자라나는 새싹들
넘 사랑스럽고 대견하다
그 아이들의 인성은
우리의 미래다

진정한 가치의 아름다움

잘 보이려고
애쓰지 마라

외부의 화려함보다
보이지 않는 내면의 아름다움이
자연히 흘러나올 때

진정한 가치의 아름다움이
빛을 발하게 된다

모든 것은 내 탓이요

어떤 잘못된 행동이나
힘겨운 일이 생겼을 때
우리는 남의 탓으로 돌릴 때가 있다

가만히 눈을 감고
상념에 잠겨 보자
내 안의 기억들을 말해 줄 것이다

그 모든 것은 다 내 탓이요 라고

인생의 시작은 지금부터

인생의 끝은 없다
진짜 시작은 지금부터다

성공하기 위해 고군분투
실패를 거듭할수록
성공을 위한 새로운 출발점이다

낙심하지 않고 도전했을 때
큰 축복은 눈앞에 있음을

까닭이 있겠지요

까닭이 있겠지요
가지 못하고
오지 못하고
웃지 못하고
말하지 못하는 건
다 까닭이 있겠지요

고귀한 자신만의 삶

아름다운 봄날
피고 지는 꽃들의 향연
낭만이자 축복이다

꽃이 피는 시기는 다르지만
누구나 그 시간을 기다린다

하나의 은은한 꽃을 피우기 위해
수많은 인내와 세월이 있었음을
그 가치는 고귀한 자신만의
삶이었다고 당당히 말할 수 있다

지성이면 감천이다

난 오늘도
정성을 다하고
뜻을 다하고
마음을 다하여
나의 소망 가득 담아 기원한다

간절한 기원에 감동하여
나의 그 뜻
이루어지리라

내 마음을 맡긴 그대

살아 숨 쉬는 노란 개나리꽃
내 가슴속 깊이 환하게 밝혀 주네

반짝이는 그 빛에
내 근심 걱정 고민 털어놓고
눈부신 노란 개나리꽃에게 상담한다

걱정하지 말라는
모든 것이 다 잘될 거라는
환한 그대의 진심 속에
내 마음을 맡긴다

나 자신을 사랑하자

무엇보다 먼저
내 자신을 사랑하고
아끼며 가슴 아픈 상처
어루만지며 다독여야겠지

내 자신을 사랑하는 사람은
남도 배려하고 존중하며
사랑하게 된다

고귀한 사랑은
진실한 사랑 앞에
사랑이 보인다

하늘하늘 꽃잎의 물결 속으로

소소한 일상에서 빛나는 하루
꿈꾸는 그 시간 속에
고요한 샛별은 저문다

마음속 사이로 환하게
비춰 오는 광명의 빛줄기
푸르름으로 일렁이는
신록의 숲길

청초한 아름다움을 간직한
신비한 꽃향기에 취해
한 아름 안아 본다

반갑게 품어 주던 꽃 무더기 사이로
봄날의 온정이 따사롭게 새어 나와
온화한 미소로 살랑이는 봄바람에
하늘하늘 꽃잎의 물결이 춤을 춘다

에필로그

이번에 나의 시들은 그간 느껴 왔던 삶의 풍경을 찾아 마음속 색채로 물들이는 순간을 담았다.
흔한 일상에서 펼쳐지는 아름다운 광경은 마치 추억 속 영화와 같이 상상 속 여백으로 다가온다.
어떻게 느끼는가에 따라 삶의 가치가 달라지고 새롭게 마주하는 인생길로 피어난다.
숲속에서 발견한 곱디고운 야생화처럼 우리네 인생도 각자의 자리에서 작고 소박한 꿈을 꾸며 청초한 아름다움을 은은한 미소로 화답하고 있을지 모른다.
비바람을 묵묵히 견디며 남모르게 지내온 세월 속에 낮에는 따스한 햇살과 노래하고 밤에는 빛나는 별빛과 춤을 추며 그간의 고생을 위로받았으리라.
그 누가 알겠는가!
그대의 삶 속에 얼룩진 눈물의 흔적을!
그렇게 우리의 시간도 각자의 공간 속에 흐르며 또 다른 인생을 살아간다.
바삐 흘러가는 하루가 지나고 내일을 맞는 오늘의 시간 속에 어제의 일상이 쌓여 과거로부터 미래를 맞는다.
그 세월의 기간 동안 오래 만나는 인연이 있고 그저 스쳐 지나가는 인연도 있다.
서로가 눈부신 인연이 되기 위해서는 배려와 존중 속에 빛나는 가치를 알아볼 줄 아는 안목에 달려 있다.

그때가 돼서야 진정한 삶의 동반자로 함께하는 애틋한 감정 속에 피어난 한 송이 꽃이 된다.